Le P. G. Lalemant,

de la Compagnie de Jésus,

apôtre des Hurons,

PAR

LE P. FRÉD. ROUVIER, S. J.

SOCIÉTÉ SAINT-AUGUSTIN,
DESCLÉE, DE BROUWER ET Cie,
LILLE.

Le Père Gabriel Lalemant.

Le P. G. Lalemant,

de la Compagnie de Jésus,

apôtre des Hurons,

PAR

LE P. FRÉD. ROUVIER, S. J.

SOCIÉTÉ SAINT-AUGUSTIN,
DESCLÉE, DE BROUWER ET Cie,
LILLE.

IMPRIMATUR.

Brugis, die 4ª octobris 1890.

H. LAHOUSSE, Can.
Libr. Cens.

Imprimé par la Société Saint-Augustin, Bruges.

Conformément aux décrets du Pape Urbain VIII, nous déclarons que nous ne prétendons attribuer à aucun des faits ou des appréciations et qualifications contenus dans cette notice plus d'autorité que ne lui en donne l'Église, à laquelle nous soumettons filialement notre jugement.

Le P. Gabriel Lalemant.

E 10 octobre 1610 [1], Gabriel Lalemant naquit à Paris d'une ancienne famille de robe bien connue au Parlement. — Dernier venu de six enfants, il eut le malheur de perdre son père, quand il était tout jeune encore. Mais auprès de son berceau veillait une vraie chrétienne, femme au cœur fort et tendre à la fois. — De la race des Monique, c'est pour le ciel que cette mère façonnait l'âme de ses enfants : c'est de Dieu qu'elle se plaisait à les entretenir. Ils la comprirent. A l'exception d'un seul qui devint maître des requêtes, tous dirent successivement adieu à un monde pour lequel leur mère ne professait point d'estime. L'aîné se retira dans les solitudes de la Grande Chartreuse ; les filles s'ensevelirent au Carmel : Gabriel s'enrôla dans les rangs de la Compagnie de JÉSUS. Sa tâche

1. Selon d'autres le 31 octobre seulement.

terminée, la pieuse veuve se cachera elle aussi sous le voile, et elle mourra revêtue du pauvre habit de la récollette, entièrement consacrée à JÉSUS-CHRIST.

Nous sommes mal renseignés sur les premières années de Gabriel. Les commencements de sa vie religieuse elle-même nous échappent. Nous savons seulement qu'il avait vingt ans quand il fut admis au noviciat (24 mars 1630) et qu'il était d'une constitution fort délicate. Mais, sous ces frêles dehors, se cachait une âme ardente, généreuse dans laquelle fermentait un insatiable désir de se sacrifier. Les missions de la Nouvelle-France venaient d'être fondées. On ne parlait que des souffrances qu'on y endurait, des périls continuels qu'on y courait. C'en était assez pour enflammer le jeune religieux : il sollicita la faveur d'être envoyé dans ces missions. Il fit plus : avec l'approbation de ses supérieurs, il s'engagea par vœu à dévouer ses forces et sa vie au service de ces pauvres sauvages. Dieu se souviendra un jour de cet engagement magnanime et il le récompensera au centuple, suivant ses promesses, en couronnant de l'auréole sanglante du martyre le front de son fidèle serviteur !

*
* *

Le collège de Moulins fut le premier champ où le P. Lalemant put exercer son zèle. Il y professa la quatrième, en 1633, et la troisième l'année suivante. Envoyé au collège de Bourges après ce séjour en Bourbonnais, il y étudia pendant quatre ans la théologie : il y remplissait en même temps la charge de surveillant auprès des élèves de l'internat. Le P. Provincial lui confia ensuite les fonctions délicates de préfet des études à la Flèche, fonctions qu'il conserva jusqu'au moment où il revint à Moulins pour y enseigner la philosophie.

Le P. Lalemant était prêtre depuis deux ou trois ans. En s'empourprant tous les matins d'un sang divin, son âme avait senti croître en elle sa soif d'immolation. A ce contact journalier avec la douce Victime du Calvaire, elle avait grandi dans l'amour de la Croix. — « Je m'estimerais heureux de mourir à la fleur de l'âge », avait écrit le nouveau prêtre en s'offrant pour soigner des pestiférés. On ne crut pas devoir, dans cette circonstance, faire appel à son dévouement. — Il réitéra alors des instances auprès de ses supérieurs et tournant de nouveau ses regards vers la Nouvelle-France, il demanda à y être envoyé.

Une note recueillie après sa mort parmi ses papiers, nous révèle les motifs qui le poussèrent à formuler cette demande.

C'est d'abord la reconnaissance, sentiment qu'on retrouve toujours si suave et si profond, dans l'âme pure et délicate des vrais serviteurs de JÉSUS-CHRIST :

« Oui, mon Dieu et mon Sauveur, c'est pour me revancher des obligations que je vous ai : car, si vous avez abandonné vos contentements, vos honneurs, votre santé, vos jours et votre vie pour me sauver, moi, misérable, n'est-il pas plus que raisonnable que j'abandonne à votre exemple toutes ces choses pour le salut des âmes que vous estimez vôtres, qui vous ont coûté votre sang, que vous avez aimées jusqu'à la mort et desquelles vous avez dit : *Quod uni ex minimis fecistis, mihi fecistis* (1). »

1. « Ce que vous faites au plus petit d'entre eux, c'est à moi-même que vous le faites. »

C'est ensuite la conscience de la grandeur de Dieu contrastant avec la misère de l'homme :

« Quand bien même je ne serais point ému par un esprit de gratitude à vous faire ces holocaustes de moi-même, je les ferais de tout mon cœur, en considération des grandeurs de votre adorable majesté et de votre bonté infiniment infinie, qui mérite qu'un homme s'immole à votre service et qu'il se perde heureusement soi-même pour accomplir fidèlement ce qu'il juge être de votre volonté sur lui et des inspirations particulières qu'il vous plaît de lui donner, pour le bien de votre plus grande gloire.

« Puisque j'ai été si misérable que de tant offenser votre majesté, ô mon JÉSUS, il est juste de vous satisfaire par des peines extraordinaires : et ainsi, je dois marcher devant votre face le reste de ma vie, le cœur humilié et contrit, dans la souffrance des maux que vous avez, le premier, soufferts pour moi. »

C'est encore l'amour persistant des siens, — cet amour qui se flétrirait au cœur des religieux, s'il en faut croire le monde, et qui devenu surnaturel, y demeure au contraire plus vivace et plus parfumé que jamais.

« Je suis redevable à mes parents, à ma mère, à mes frères, et je dois attirer sur eux les effets de votre miséricorde. Mon Dieu, ne permettez jamais qu'aucun de cette famille, pour laquelle vous avez eu tant d'amour périsse en votre présence et qu'il soit du nombre de ceux qui doivent vous blasphémer éternellement: que je sois pour eux la victime: « *Quoniam ego in flagella paratus sum : Hic ure, hic seca, ut in æternum parcas* (1). »

C'est enfin le zèle des âmes dont, en véritable fils d'Ignace, son cœur est embrasé :

« Oui, mon JÉSUS et mon amour, il faut aussi que votre sang, versé pour les barbares aussi bien que pour nous, soit appliqué efficacement pour leur salut, et c'est en quoi je veux coopérer à votre grâce et m'immoler pour eux...

« Il faut que votre nom soit adoré, que votre royaume soit étendu par toutes les nations du monde et que je consomme ma vie pour retirer des mains de Satan, votre ennemi,

1. « Puisque je suis prêt à être flagellé, brûlez, retranchez ici-bas, afin de pardonner durant l'éternité. »

ces pauvres âmes qui vous ont coûté votre sang et votre vie...

« Enfin, s'il est raisonnable que quelqu'un se porte d'amour à donner ce contentement à Jésus-Christ, au péril de cent mille vies, s'il en avait autant, avec la perte de tout ce qui est de plus doux et agréable à la nature, tu ne trouveras jamais personne qui soit plus obligé à l'entreprendre que toi. »

Et le futur apôtre concluait par cette brûlante apostrophe :

« Sus donc, mon âme, perdons-nous saintement pour donner ce contentement au Cœur Sacré de Jésus-Christ [1] : il le mérite et tu ne peux t'en dispenser, si tu ne veux vivre et mourir ingrate à son amour. »

***

Après avoir été encore quelque temps attendue, l'heureuse nouvelle arriva enfin : le P. G. Lalemant était désigné pour les missions du Canada. Il remplissait alors les fonctions de préfet du collège à Bourges où

1. Expression à noter sous la plume d'un religieux qui écrit deux ou trois ans avant la naissance de la bienheureuse Marguerite-Marie, plus de trente ans avant les apparitions de Paray-le-Monial.

il était revenu. Aussitôt, il partit pour Paris, afin d'y faire ses adieux à sa famille ; ils n'eurent rien que de viril. Du reste, parmi ses sœurs, il s'en trouvait une, — prieure du Carmel en ce temps-là — à qui, selon l'expression du P. Lalemant, « la grâce plus que la nature l'avait uni » et qu'il affectionnait tendrement. Ainsi les âmes de Benoît et de Scholastique se confondaient dans un commun amour de leur Maître adoré. En ce cœur virginal du moins, le P. Gabriel pouvait en toute liberté épancher les saintes allégresses de son zèle apostolique, sûr de n'y rencontrer aucune des faiblesses inhérentes à la tendresse du sang. Dieu lui donna cette consolation et « l'on eût cru, a dit un témoin de cet entretien, entendre deux Séraphins se communiquer leurs transports ». Au moment du départ, la Carmélite remit au missionnaire quelques reliques de martyrs. — Don fraternel et pieux dans lequel un avenir prochain allait permettre de voir une sorte de présage et comme une providentielle annonce du genre de gloire qui attendait le jésuite de l'autre côté de l'Océan.

***

Le P. G. Lalemant s'embarqua à la Rochelle, le 15 juin 1646. Avec lui partaient le P. Claude Quentin, procureur de la mission, les PP. Adrien Daran et Amable de Prétal et le F. Masson. Leur convoi était nombreux, leur traversée fut belle et, au mois de septembre, ils arrivèrent sans encombre devant Québec...

Les nouveaux venus trouvèrent la colonie dans un trouble profond. Après avoir longtemps guerroyé contre les Français, les Iroquois, touchés de la clémence du gouverneur M. de Montmagny, qui avait remis en liberté quelques-uns de leurs prisonniers, sans leur faire aucun mal, s'étaient enfin décidés à traiter de la paix avec lui. Mais c'était une paix de sauvages, beaucoup plus nominale que réelle ; car, sous prétexte de poursuivre la guerre contre les Algonquins et les Hurons, les Iroquois continuaient sans scrupule leurs incursions dans le pays. Échelonnés le long du Saint-Laurent, ils y dressaient des embuscades si meurtrières que la navigation n'y était plus possible qu'au risque de très grands dangers. Les Hurons n'osaient plus descendre le fleuve pour venir échanger leurs pelleteries.

Vrais félins, les Iroquois se glissaient partout sans être aperçus. Les femmes huronnes allaient-elles à leur champ pour y cueillir la poignée de blé d'Inde, sobre ration du jour ? elles étaient scalpées sur place et massacrées sans pitié. Les chasseurs essayaient-ils d'entrer dans la forêt ? Ils étaient entourés soudain, accablés sous le nombre et tués ou traînés en captivité. — Surpris au point du jour, ou même dans la nuit, nombre de villages avaient été pillés. L'alarme et le deuil étaient de toutes parts, et la consternation avait pris de telles proportions que les chrétiens indigènes de Sillery ne se croyaient plus en sûreté aux portes mêmes de Québec.

***

Le P. G. Lalemant et ses compagnons de route purent donc juger par là au premier coup d'œil qu'une ample moisson de souffrances les attendait. Mais les mérites ne seraient-ils pas en proportion ? Et l'amour compte-t-il avec le sacrifice, quand le sacrifice lui permet de s'affirmer ? — Tout heureux de voir la croix si proche, le P. Gabriel s'y fût précipité sans retard en volant vers le pays des Hurons, plus impitoyablement ravagé que les autres par les Iroquois, si on l'y avait autorisé. Mais le P. Jérôme Lalemant, son oncle, qui gouvernait alors la mission pour la seconde fois, s'y opposa. Ce n'était point faiblesse, mais prudence de sa part. Le vieil ouvrier savait par expérience les rudes travaux de la vie apostolique au Canada ; les longues courses à travers la neige et sur les lacs glacés par un froid sous lequel « les arbres se fendaient jusqu'au cœur, en éclatant comme des mousquets (1) » ; les nuits le long des rives silencieuses du grand fleuve, sous la morsure des maringouins (2) ; les interminables et dangereux trajets dans un canot étroit et mal équilibré ; les journées de chasse passées avec la faim pour compagne dans la forêt (3) : il

1. P. Le Jeune, *Relation*.

2. P. de Brébeuf, *Mémoire*.

3. « Pour l'ordinaire, nous mangions une fois en deux jours : voire assez souvent ayant mangé un castor le matin, le lendemain au soir nous mangions un porc-épic gros comme un cochon de lait, c'était peu à 19 personnes que nous étions il est vrai : mais ce peu suffisait pour ne point mourir. Quand je pouvais avoir une peau d'anguille pour ma journée, sur la fin de nos vivres, je me tenais pour bien déjeuné, bien diné et bien soupé. Au commencement je m'étais servi d'une de ces peaux pour refaire

savait aussi, d'après les rapports qui lui arrivaient de la mission huronne, les incessantes émotions dont ces tristes jours étaient remplis à cause des Iroquois, la ruse de ces sauvages, leur impitoyable cruauté ; et sa prudente charité voulait acclimater le nouveau missionnaire, juger de ses forces et de son courage, lui faire faire en quelque sorte son noviciat d'apôtre, avant de l'exposer, témérairement peut-être, à ces fatigues et à ces périls.

Le sage supérieur retint donc le P. Gabriel auprès de lui. Il l'employa aux fonctions du ministère à Québec d'abord, à Saint-Joseph de Sillery et à Trois-Rivières ensuite ; puis, pendant le Carême de 1647, il lui fit prêcher une mission à Beauport. Comme il avait entrepris de grands travaux, l'érection d'une

une soutane de toile que j'avais sur moi, ayant oublié de porter des pièces ; mais, voyant que la faim me pressait si fort, je mangeai mes pièces, et si ma soutane eût été de même étoffe, je vous réponds que je l'eusse rapportée bien courte en la maison : je mangeais bien les peaux d'orignal, qui sont bien plus dures que les peaux d'anguilles. J'allais dans les bois brouter le bout des arbres et ronger les écorces les plus tendres. Les sauvages, nos voisins, souffraient encore plus que nous... J'en vis qui n'avaient mangé qu'une fois en cinq jours... » P. Le Jeune, *Relation* de 1634.

église paroissiale, la construction d'un collège, il est vraisemblable que le P. Gabriel y prit sa part aussi et c'est en ces occupations diverses que s'écoula l'année 1647.

***

Cependant les nouvelles qui arrivaient de l'Ouest étaient de jour en jour plus mauvaises. Hurons et Mission se trouvaient dans une situation absolument précaire. En face de cette détresse, le P. Ragueneau, supérieur, fit partir pour Québec, afin d'y demander aide et secours, le P. Bressani. C'était un missionnaire particulièrement vaillant. Pris quatre ans auparavant par les Iroquois, il avait été barbarement torturé par eux (1). Mais la

1. « Nous arrivâmes au premier village... Outre les coups de poing et les coups de bâton que je reçus dans les parties les plus sensibles du corps, ils me fendirent encore une fois la main gauche entre le doigt du milieu et l'index, et leur bastonnade fut telle que je tombai à terre à demi mort. Je croyais avoir perdu mon œil droit avec la vue. Comme je ne me relevai pas, parce que je n'en étais pas capable, ils continuaient à me frapper, surtout sur la poitrine et sur la tête. J'aurais certainement expiré sous leurs coups, si un capitaine ne m'eût pas fait traîner à force de bras sur un théâtre formé d'écorces, comme le premier. Là, ils me coupèrent peu après le gros doigt de la main gauche et fendirent l'index... Ils me brûlèrent le reste des ongles et quelques doigts des mains.

crainte de retomber entre leurs mains ne le fit pas reculer. — Dieu bénit son courage et, attaqué de nouveau par ses anciens bourreaux, le P. Bressani leur échappa cette fois, défaits qu'ils furent par l'escorte, relativement forte du reste, qui l'avait accompagné.

Lorsque trois semaines après (6 août 1648), la flottille huronne forte de soixante canots s'apprêta à remonter le fleuve, elle était abondamment fournie de provisions de toutes sortes. Elle avait à bord douze soldats français pour la défendre, et elle amenait cinq jésuites : parmi eux, se trouvait le P. Lallemand.

Ces intrépides soldats de la croix savaient bien le péril qu'ils affrontaient. L'eussent-ils ignoré, un regard sur le P. Bressani le leur aurait appris : ses doigts coupés, ses mains tailladées portaient l'ineffaçable marque de la cruauté iroquoise. Mais ces membres mutilés témoignaient aussi en faveur de JÉSUS-CHRIST :

Ils disloquèrent les doigts des pieds et me percèrent un pied avec un tison... Je devins si infect et si horrible que tout le monde s'éloignait de moi, comme d'un cadavre en putréfaction, et on ne m'approchait que pour me tourmenter... « P. Bressani, Lettre au T. R. P. Général sur sa captivité... (*Relation abrégée*... traduit de l'italien par le R. P. F. Martin, S. J.)

« Montre-nous tes plaies, disait un Huron au confesseur de la foi revenu parmi eux : elles nous disent mieux que tu ne pourras le faire toi-même, quand tu parleras notre langue, que nous devons obéir à ton Dieu. » — « Ces doigts écrasés, disait un autre, me convertissent. Il faut que la Robe-Noire croie donc bien fermement ce qu'elle nous enseigne, puisque après avoir tant souffert à cause de nous, elle revient encore joyeusement pour nous instruire et pour nous baptiser ! »

C'était bien en effet, sur les pas de la foi et de la charité, que les nouveaux apôtres se disposaient à entrer dans le pays des Hurons. « Leur joie paraissait si grande sur leurs visages, écrivait plus tard le P. Jérôme Lalemant, qu'on eût dit qu'ils s'en allaient tous prendre possession d'une couronne et d'un empire. » Empire souhaitable entre tous, couronne que Dieu leur proposait réellement et que, dans sa miséricorde, il destinait le P. Lalemant à recevoir dès ses premiers pas dans l'arène où il allait s'engager !

* * *

La flottille arriva vers le milieu de septembre à Sainte-Marie-des-Hurons (1648); on l'y reçut avec de vrais transports. C'est que le pays avait bien souffert durant son absence. L'abandon des villages de Saint-Jean Baptiste et de Saint-Ignace qui en formaient la barrière naturelle, l'ouvrait sans défense à toutes les incursions. Les Iroquois en avaient profité ; ils y multipliaient leurs soudaines et redoutables irruptions. Saint-Michel avait été saccagé par eux : femmes, enfants, vieillards, ils y avaient tout massacré pêle-mêle, puis le feu avait fait son œuvre et réduit toutes les cabanes en un monceau de cendres.

Surpris pendant l'absence de ses principaux guerriers, Saint-Joseph venait de subir le même sort. (4 juillet 1648.) Là était tombé un missionnaire, le P. Daniel. Il descendait de l'autel quand des clameurs féroces se firent entendre. Quel moment plus favorable pour consommer son propre sacrifice ?... Le prêtre aurait pu fuir avec les femmes et les enfants : mais, loin de lui cette pensée ! Son seul souci est de baptiser les quelques catéchumènes qui l'entourent, d'absoudre les chrétiens qui accourent, tremblants, à ses côtés. Puis, les Iroquois approchant de la chapelle, le Pasteur se dévoue pour la partie de son troupeau qu'il peut protéger encore et, afin de lui donner quelques instants de plus pour fuir, il se précipite au devant des assaillants. — Étonnés du courage de la Robe-Noire, les Iroquois hésitent en effet un moment. — Mais ils se vengent bientôt sur elle. Le P. Daniel tombe sous leurs coups, et son cadavre, jeté dans la chapelle qu'on livre aux flammes, est consumé près de l'autel où le prêtre avait, une heure auparavant, immolé la Victime par excellence, JÉSUS-CHRIST !

Ce sang était encore chaud, pour ainsi dire, quand le P. Gabriel Lalemant débarqua dans la presqu'île huronne. — Comme s'il eût désaltéré la rage iroquoise, un calme profond succéda aux horreurs de la guerre ; il dura près de six mois. Calme trompeur du reste, semblable à celui qui pèse sur la nature frissonnante au moment où l'orage va éclater. Les nuages s'amoncelaient en effet à l'horizon et, sans qu'on y prît garde, le ciel s'assombrissait de plus en plus ; à l'insu de tous, un millier d'ennemis avaient hiverné au cœur du pays. Un matin, vers le milieu du mois de mars, trois Hurons accourent éperdus au village Saint-Louis, où se trouvaient le P. Gabr.

Lalemant et le P. de Brébeuf.— Ils annoncent qu'à la pointe du jour, les Iroquois ont envahi Saint-Ignace par surprise, suivant leur coutume, et qu'ils le mettent à feu et à sang. Aussitôt la défense s'organise. On évacue sur Sainte-Marie tout ce qui est trop faible pour y concourir. Puis, le P. de Brébeuf baptise ou confesse la plupart de ceux qui restent, pendant que, peu au courant encore de la langue, le P. Lalemant donne le baptême à quelques-uns d'entre eux.

Ainsi fortifiés, prêts à paraître devant leur Juge, les défenseurs de Saint-Louis n'avaient rien à craindre de la mort. Aussi est-ce en lions qu'ils combattirent le lendemain, quand, au soleil levant, l'ennemi se présenta. Les deux premiers assauts furent victorieusement repoussés. Mais, dix fois plus nombreux que leurs adversaires, les assaillants devaient nécessairement les écraser ; au troisième assaut, la victoire leur resta et avec elle, le P. de Brébeuf et le P. Lalemant, faits prisonniers, demeurèrent entre leurs mains.

***

Nous avons dit ailleurs (1) comment la

1. *Le P. Jean de Brébeuf, premier apôtre des Hurons.*

passion des deux missionnaires s'ouvrit sur le théâtre même de leur charité et comment, dépouillés de leurs vêtements, les ongles des mains et des pieds arrachés, ils furent, en tête des autres prisonniers, poussés jusqu'à Saint-Ignace où les vainqueurs s'étaient fortement retranchés.

Là, un commun holocauste allait réunir providentiellement l'ouvrier de la première heure et celui de la onzième seulement. — Mais les deux supplices ne furent pas menés de front : dans leur raffinement de cruauté, les Iroquois voulaient donner à leur barbare plaisir toute la durée possible et c'est sur le P. de Brébeuf que s'acharna d'abord cette horde de bourreaux, — car il y avait autant de bourreaux que d'assistants. Trois heures durant, le P. Lalemant fut donc contraint d'assister aux effroyables tortures qu'on infligea à l'intrépide athlète qui combattait à ses côtés. — Il en vit les membres brûlés, le crâne déchiqueté, les chairs arrachées par lambeaux, rôties et dévorées par les démons à face humaine qui tourmentaient sans pitié le serviteur de Dieu : avertissement manifeste du sort qui l'attendait. Mais sa force d'âme n'en fut point ébranlée. « Mon Père, avait-il dit joyeusement au P. de Brébeuf pendant qu'on l'attachait au pal, *spectaculum facti sumus mundo, et angelis, et hominibus* (1) ». Et, comme il encourageait les prisonniers qui l'entouraient, on lui fendit la bouche de part en part jusqu'aux oreilles pour l'empêcher de parler, sans cependant lui arracher les lèvres comme on le fit au P. de Brébeuf. — C'est donc tout sanglant qu'il attendit la fin du supplice de son compagnon d'armes. Quand celui-ci eut succombé sous le tomahawk, les bourreaux lassés se reposèrent un instant; puis, vers six heures, ils s'approchèrent de la victime qui restait et ils commencèrent à la torturer à son tour.

***

On piqua d'abord le patient avec des alènes portées au rouge blanc. Puis, armés de tisons brûlants, les Iroquois attaquèrent successivement tous ses membres. On lui fit ensuite sur toute la longueur latérale de la cuisse gauche une grande entaille jusqu'à la

1. « Voilà que nous sommes donnés en spectacle au monde, aux anges et aux hommes. » *I Cor.*, IV, 9.

profondeur de l'os et, dans cette blessure béante, on fit glisser lentement le tranchant d'une hache rougie au feu. Par une sacrilège ironie, deux autres incisions, non moins profondes, marquèrent l'autre cuisse d'une croix sanglante, pendant que des Hurons apostats baptisaient le courageux confesseur d'eau bouillante qu'ils versaient à grands flots sur lui. Cependant le P, Lalemant ne faisait pas entendre une seule plainte. Les yeux levés au ciel,il semblait dans le ravissement.Comme ses poignets étaient attachés séparément et par des liens qui lui laissaient une certaine liberté de mouvement autour du poteau, tantôt il joignait les mains, tantôt, malgré ses horribles blessures, il se jetait à genoux et, le regard en haut, il priait Dieu avec transport. Si bien que les sauvages croyant trouver là le secret de son inexplicable force, lui séparaient les mains, quand il les joignait, ou le contraignaient à se relever, lorsqu'il se mettait à genoux.

La nuit suspendit en partie le supplice. C'était, en effet, une coutume parmi les Iroquois qu'un condamné ne devait pas mourir entre le coucher et le lever du soleil. — En attendant l'aurore, on abandonna donc l'héroïque missionnaire aux mains des jeunes gens, avec permission de le torturer suivant leur caprice pourvu qu'ils ne lui enlevassent pas complètement la vie (1). Heures longues et douloureuses pendant lesquelles la victime épuisée resta le jouet sans défense de ces sauvages, comme pendant toute une nuit aussi son maître avait été le jouet de la valetaille juive, chez le grand prêtre prévaricateur. C'est alors, vraisemblablement, qu'on lui hacha la tête à petits coups de couteau et qu'on lui coupa le nez.

Enfin le jour parut : ce devait être celui du

1. « Chaque nuit, ceux-ci me piquaient avec des bâtons aigus, ceux-là me brûlaient avec des tisons ardents ou des pierres rougies au feu... Ils me faisaient marcher autour du feu sur la cendre chaude, sous laquelle ils avaient planté en terre des bâtons pointus. Les uns me tiraient les cheveux, les autres la barbe... Ils passaient ensuite un quart d'heure environ à me brûler un ongle ou un doigt. Il ne m'en reste maintenant qu'un seul entier et encore ils en ont arraché l'ongle avec les dents. Un soir, ils m'enlevaient un ongle, le lendemain la première phalange, le jour suivant la seconde. En six fois, ils en brûlèrent presque six. Aux mains seules, ils m'ont appliqué le feu et le fer plus de dix-huit fois, et j'étais obligé de chanter pendant ce supplice. » — P. Bressani, lettre au T. R. P. Général *sur sa captivité.*

triomphe éternel. On ramena le martyr (1) au lieu de son supplice. Ses membres étaient dans un état affreux : certaines parties, — l'œil gauche entr'autres, — avaient été en quelque sorte carbonisées par l'application prolongée des haches brûlantes. — Mais une âme invincible soutenait ce corps que la nature avait fait si frêle et sur lequel, en outre, la cruauté venait de s'épuiser ! « Après avoir passé un soir, une nuit et une matinée sans relâche, au milieu de ces cruels tourments, la force d'esprit et la foi du Père étaient encore si vigoureuses, que, nonobstant les plaies dont j'ai parlé, il se mit à genoux pour embrasser son poteau et faire à Dieu sa dernière offrande, qui sembla trop longue à ses bourreaux (2). » Les tortures de la veille recommencèrent :

1. Voir à la fin de cette notice le texte du *Postulatum* par lequel les Pères du IIIe Concile provincial de Québec ont demandé au Saint-Siège de se prononcer sur le martyre du P. Lalemant. Ce *Postulatum* est signé par dix évêques et un préfet apostolique. Il porte la date du 6 juin 1886.

2. Lettre du P. Poncet, missionnaire à Sainte-Marie des Hurons et cousin du P. Lalemant, à sa famille, 18 mai 1649. La plupart des détails du supplice ont été empruntés par nous à ce témoin si bien informé.

puis la hache consomma l'œuvre, et, en fracassant le crâne de la victime, elle rompit du même coup les liens qui retenaient son âme sur la terre d'exil. Le P. Gabriel Lalemant avait trente-neuf ans (17 mars 1649).

***

Quelque temps après, le P. Jérôme Lalemant, en annonçant la grande nouvelle à la prieure des Carmélites, sœur préférée de Gabriel, lui écrivait :

« Le baptême de deux mille sept cents sauvages, qui a accompagné sa mort, nous confirme que ce sang n'a pas une vertu commune. Je me suis grandement senti de l'avoir invoqué en diverses circonstances. Plusieurs en ont éprouvé les mêmes effets. Après tout, ce n'est pas à nous à faire les saints : il faut que les miracles éclatent... »

Le prudent Supérieur avait raison. Mais Dieu, qui a donné à son serviteur la gloire du sacrifice suprême qu'il ambitionnait, n'y ajoutera-t-il point, par surcroît, la gloire en ce monde à laquelle l'humble Gabriel n'avait jamais songé ? Et sera-t-il trop téméraire d'espérer que, le miracle fleurissant sur ces restes vénérables, l'Église un jour placera sur ses autels le héros dont ils proclament les longues tortures et les combats victorieux ?

Postulatum

DU CONCILE DE QUÉBEC.

« TRÈS-SAINT-PÈRE, parmi les sujets qui ont attiré notre attention dans nos délibérations synodales se trouve le désir de donner de nouveaux protecteurs aux nations sauvages, en obtenant de l'Église la glorification de quelques-uns des missionnaires qui ont souffert le martyre pour la foi, comme nous le croyons, dans les régions faisant partie de la confédération canadienne.

« Nous voulons parler de ceux qui ont donné leur vie en évangélisant et en préparant à la mort les infortunés Hurons en grande partie chrétiens, et presque anéantis au milieu du XVIIe siècle par les cruels Iroquois.

« Quatre Jésuites ont été ainsi immolés dans l'espace de dix-huit mois et sont vénérés comme de véritables martyrs, tant à cause des circonstances qui ont accompagné leur mort, que pour les miracles qui leur sont attribués et les apparitions dont on conserve le souvenir. Ce sont les RR. Pères Antoine Daniel, Jean de Brébeuf, Gabriel Lalemant et Charles Garnier.

« Il y a plusieurs années, l'archevêque Baillargeon, prédécesseur immédiat de l'archevêque actuel de Québec, constitua une commission, présidée par le Révérend Père Martin, de la Compagnie de JÉSUS, et qu'il chargea de recueillir les faits se rapportant à la vie de ces saints religieux.

« Les Pères du troisième Concile plénier de Baltimore, ayant pieusement pris l'initiative de prier Votre Sainteté de se prononcer sur le martyre du Père Jogues et du Frère Goupil, de la même société, qui eut lieu quelques années auparavant, il nous a paru appartenir spécialement à l'épiscopat du Canada de demander que Votre Sainteté y associât dans son jugement les quatre martyrs canadiens massacrés pour la foi à cette époque et l'une des gloires de l'Amérique.»

Imprimé par la Société Saint-Augustin, Bruges.

107

www.ingramcontent.com/pod-product-compliance
Ingram Content Group UK Ltd.
Pitfield, Milton Keynes, MK11 3LW, UK
UKHW020511180726
13839UKWH00005B/2027

9 782329 559001